AF203100

SüßE KATZEN Malbuch

© 2023 Lucy's Tier Malbücher

Anna Piok, Im Pfaffenacker 7, 56218 Mülheim-Kärlich

Email: annapiok@freenet.de

Covergestaltung: Anna Piok

Illustrationen/Vektoren/Fotos: midjourney.com, redaktionell bearbeitet

Schriften/Elemente: free elements by canva.com

ISBN Softcover: 978-3-384-06720-3

Druck und Distribution im Auftrag:

Tredition GmbH, Heinz-Beusen-Stieg 5, 22926 Ahrensburg, Germany

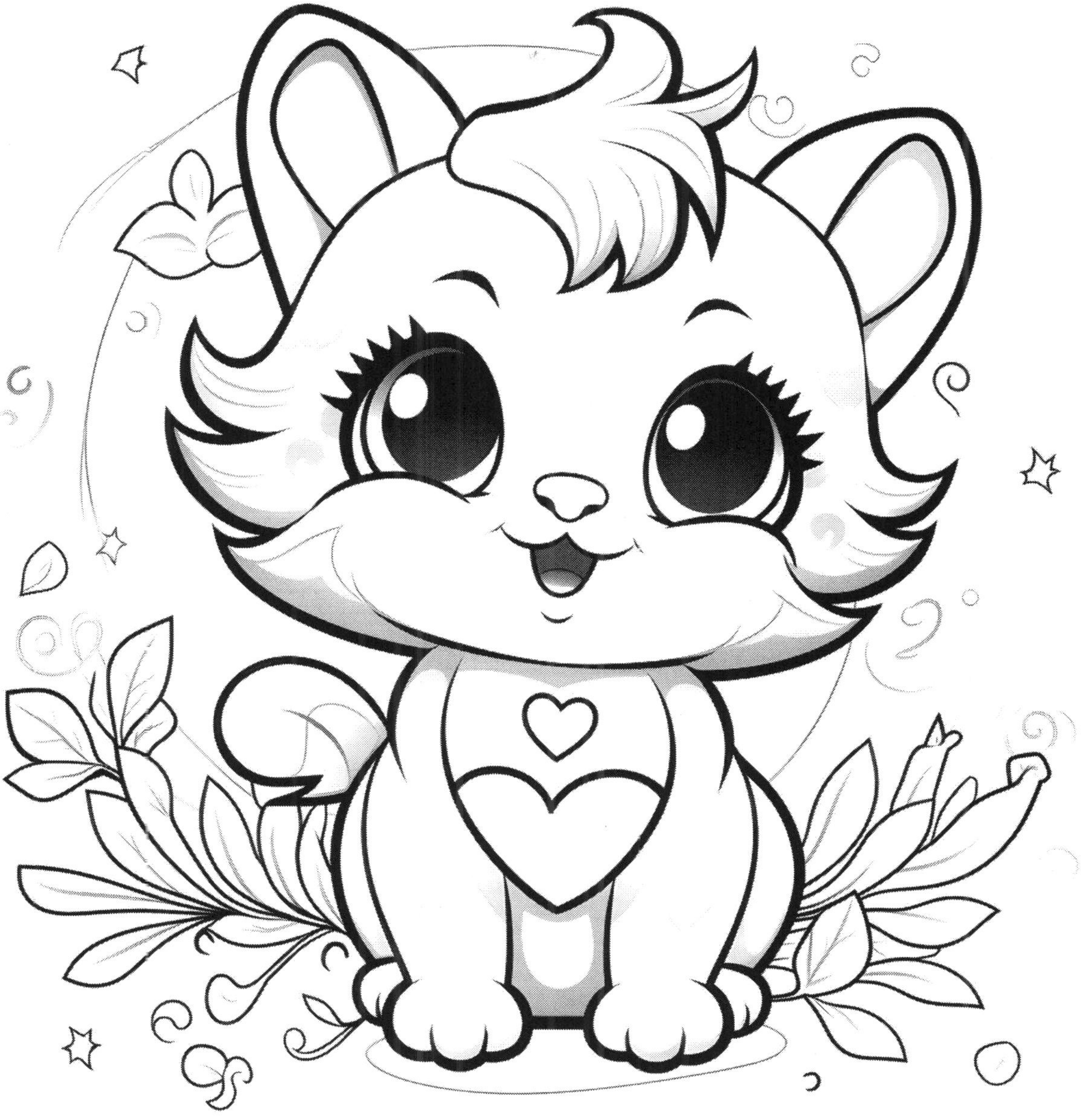

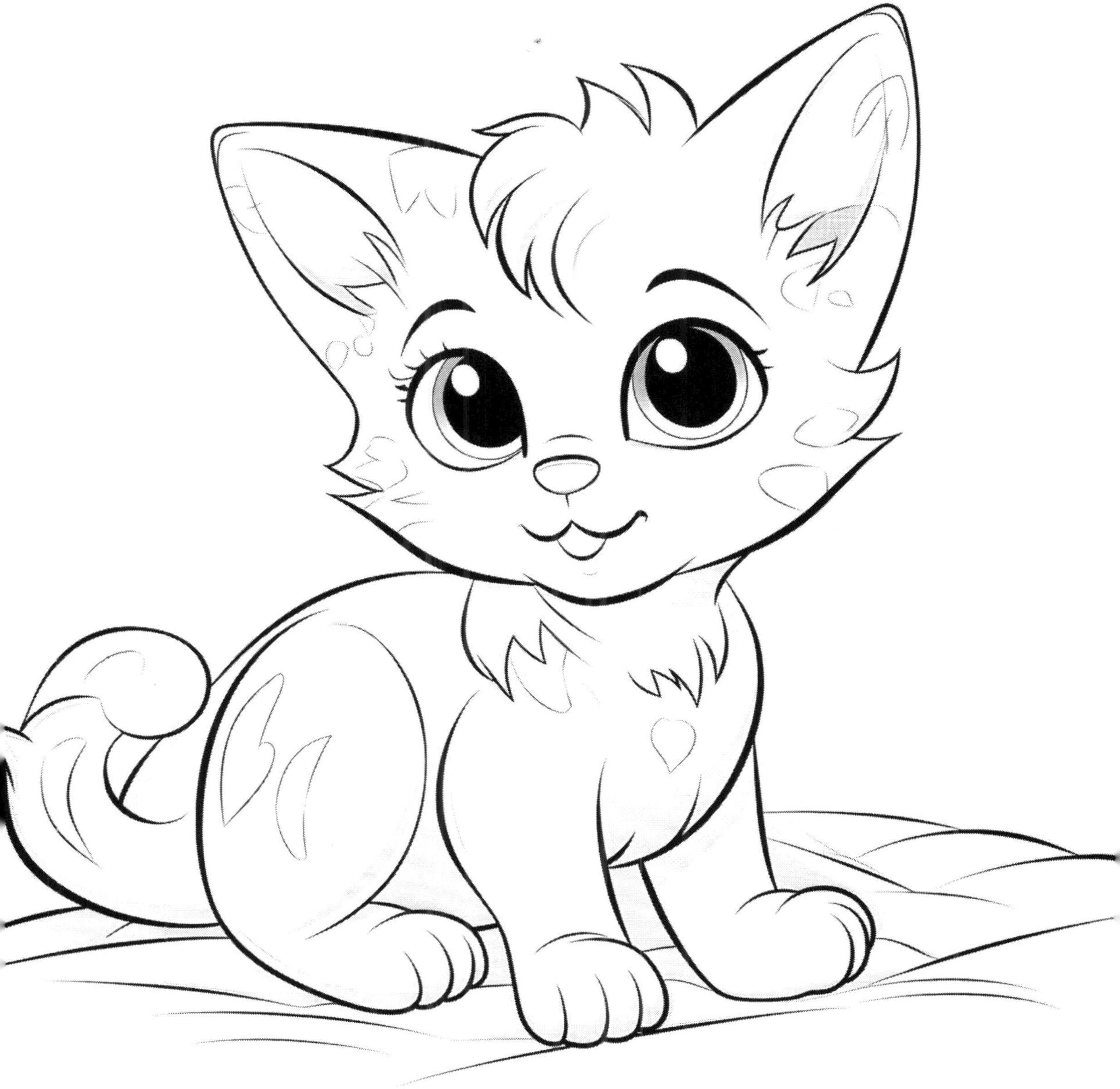

MIX
Papier | Fördert
gute Waldnutzung
FSC® C083411

Zeitfracht Medien GmbH
Ferdinand-Jühlke-Straße 7
99095 Erfurt, Deutschland
produktsicherheit@kolibri360.de